I0187249

Dreaming of Dreams

(Roya ye Roya)

A selection of Vignettes

By

Samsum Kashfi

2015

Dreaming of Dreams

(ROYA ye ROYA)

A selection of Vignettes by

Samsum Kashfi

www.kashfis.com

Published by

Porsa Books, MD, USA

Printed in Charlston, SA, USA

First Edition

Library of Congress Catalogue-In-Publication Data

KASHFI, SAMSUM 1955 –

[Vignettes, Selection]

ISBN 0-9760312-7-2 |OR| 9780976031277

1. Kashfi, Samsum, 1955   I. Title

PORSA BOOKS

www.PorsaBooks.com

2 0 1 5

رویای رویا

صمصام کشفی

۱۳۹۴

❖ کشفی، صمصام ۱۳۳۴

❖ رویای رویا (داستان‌سرودها)

❖ چاپ نخست ۱۳۹۴ خورشیدی (۲۰۱۵ میلادی)

❖ نشر پرسا ، آمریکا

www.porsabooks.com
www.kashfis.com

ISBN 0-9760312-7-2

9780976031277

صمصام کشفی

رویای رویا

داستان‌سرودها

پیشکش به همراه زنده‌گی‌ام ، پری

سامان گرفتن این دفتر را مدیون همکاری‌های دوستان‌ام: احمد جان شیرازی‌نیا و
ساسان جان قهرمان هستم. دستان مهربان‌شان را می‌فشارم.   **ص. ک.**

فهرست

رویای رویا

رویا خوابید و دید تنهاست. با این که در اطراف‌اش همه چیز آشناست، اما نمی‌داند در کجاست. بالای سرش، بر دیوار، قاب عکس زنی آویخته که بی خیال و جدا از دور و برش، دارد برای خودش می‌خواند. دایره‌یی نیز در دست دارد، می‌زند و می‌چرخاند دور صورت‌اش؛ خودش هم می‌چرخد دور خودش. در یکی از این چرخاندن و چرخیدن‌ها می‌افتد بیرونِ قاب. پای‌اش اما نمی‌رسد به زمین و می‌ماند میان زمین و هوا.

آسمان، زمین، درخت، آب، کوچه، دیوار، تخت، ایوان . . . همه، آرام، در جای خود قرار دارند. رنگ همه چیز اما به رنگ که‌رباست.

در جهانِ که‌ربایی، کوچه‌یی‌ست و در میان کوچه در بزرگی‌ست گشوده به دالانی که می‌رسد به حیاطی بزرگ. تهِ حیاط ایوانی‌ست

و می‌بینند: زنی خوابیده در ایوان و می‌بینند دارد آواز می‌خواند و در آوازش آرزو می‌کند که صداش خوش‌تر و رساتر می‌بود تا در میان جمع بخواند: " ای خفته بیا. . .خفته/ نزدیک بیا. . . خفته / آرام بیا. . .خفته، بی آن که شوم بیدار// نزدیک بیا. . . نزدیک/ . . . ای خفته‌ی رام، آرام ، نزدیک بیا. . .نزدیک/ بیدار مشو . . . خُف! "

آمده و نیامده، بین خواب و قاب در جهانِ کهربایی، جلنگاجلنگِ حلقه‌های دایره به رقص می‌آوردش و می‌چرخاندش دور خودش، آن‌قدر، تا از مدار خود پرتاب شود به هوا و در آن دور دورها، فرود آید تهِ یک جنگل. جنگل تاریک است و پر درخت. طولی نمی‌کشد که زنِ پرتاب شده برمی‌خیزد از جا. گرد و غبار و خار و خاشاک از تن می‌گیرد و بی اختیار، هی می‌نشیند و پا می‌شود و هیزم جمع می‌کند. آخر کار، با کوله‌باری هیزم خشک پرسان پرسان بر می‌گردد سرِ همان کوچه‌یی که دیده بود در خانه‌یی در آن زنی تنها برای خودش می‌خواند.

همان‌جا، آتش روشن می‌کند و آتش تا آتش شود دود می‌کند، دود می‌آید بالا و همه‌جا را فرا می‌گیرد. در لابلای دود، می‌بیند زنی

خوابیده‌ست و می‌بیند تنهاست و می‌بیند ایستاده در میان باد و باد پنجه انداخته در موهاش و می‌بیند که دارد می‌خواند باصدای بلند؛ و در آوازش آرزو می‌کند که مردی که مانده در یادش از رویای پیشین، بیاید و ببوسد لبان‌اش را و می‌بیند که مرد پا پیش می‌گذارد و می‌آید بیرون از رویا و می‌بوسدش و می‌گوید:

ـ "همین بود آرزوی‌ات؟ این که چیزی نیست عزیز دلم. تو جان بخواه!"

و دست‌اش را می‌گیرد و به لب می‌برد و می‌بوسد. چشمان‌اش را هم می‌بوسد. بوسه که تمام شد پس و پس می‌رود و می‌ایستد گوشه‌یی به تماشا.

باز باد می‌آید و باز می‌بیند که مردی دارد می‌آید. این بار مرد با تن‌پوشِ نظامی از میان باران می‌آید به سوی‌اش و نزدیک که می-شود دست‌اش را می‌گیرد پشت سرش و نمی‌گذارد که دست‌اش را ببیند. گویا چیزی در دست دارد که می‌خواهد کسی نبیند. زن می-خواهد بی‌اعتنا رو برگرداند و برود دنبال کارش اما نمی‌تواند. پس، می ماند تا سرباز برسد از راه. سرباز نزدیک می‌شود. چشم در چشم

زن، خیره، نگاه‌اش می‌کند. با حلقه‌ی اشکی در دیده‌اش. زن می-پرسد:

- "تو کیستی؟"

نظامی می گوید:

- "اگر خوب نگاه‌ام کنی می‌شناسی‌ام. من قرار بوده با تو باشم اما کسانی آمدند و تو را از با من بودن پشیمان کردند، من هم حرص‌ام گرفت و رفتم و خود را به حوزه‌ی سربازی معرفی کردم. حالا هم داشتم از این جا رد می‌شدم که دیدم کسی مثل تو ایستاده این جا و مردی که شکل من است دارد کسی را که مثل توست می‌بوسد؛ آمدم تا بگویم که اینی که می‌بوسدت من نیستم. اما دیدم که تو بی‌اعتنا داری سر بر می‌گردانی. گفتم شاید مرا ندیده‌ای، پس طوری آمدم بلکه چشم‌ات به من بیافتد و به یادت بیایم و بدانی که زنده هستم هنوز و بگویم چشم‌هایت را دستِ کم نگذار کسی ببوسد چون من هنوز چشم‌های تو را با خود دارم و هر گاه می‌خواهم به کسی نگاه کنم و او را با خودم کنم با همان چشم‌ها نگاه‌اش می‌کنم. اگر کسی چشم‌های تو را ببوسد من سخت افسرده می‌شوم."

زن دید که سرباز کلاه‌اش را برداشت و چشم‌های او را بوسید. و او دید که خود را پس نکشید و آن مردی که ایستاده بود و صورت و دست و چشم او را بوسیده بود حتا اخم هم نکرد. رفت آن طرف‌تر ایستاد تا سرباز با او راحت باشد. اما سرباز هم پس از بوسه رفت و کنار مرد نخست ایستاد و نگاه کرد و دید که دارد جوانی از راه دور می‌آید با شاخه‌ی گلی در دست. قبراق راه می‌رود و اطراف‌اش را می‌پاید و به او که رسید نه دست دراز کرد به دست دادن و نه تلاشی برای بوسیدن. مغرور منتظر ماند در کنار دو مرد، گویا زیر لب گفت:

ـ "ببینم چه می‌شود."

دوباره باد می‌آید و با باد مردی دیگر می‌آید با دفتری در دست‌اش و بعد که دفتر را باز می‌کند و می‌خواند، می‌شود فهمید که دفتر، دفتر شعر است. مرد چهارم می‌خواند:

عزیزکم که مرا دیده‌ای به خواب، ببین

دوباره آمده‌ام تا بیایی و بیرون‌م آوری ز بیداری

و من، ببوسم‌ات و گویم‌ات که نزدیک‌ام

و باز گویم‌ات ای خفته جانک‌ام، جان دلک‌ام آی.

زن می‌رود آن سوتر و چشم‌های ناباورش را می‌مالد. ناگهان باد فروکش می‌کند و زن از جا می‌پرد و می‌بیند که آفتاب سر زده و اگر نجنبد از پرواز جا می‌ماند و به موقع نمی‌رسد به مقصدی که در آن مردی ایستاده به انتظارش؛ و رویا می‌بیند و می‌داند که آن چهار مرد هنوز هم آن‌جا ایستاده‌اند در انتظار.

۳۰ جولای ۲۰۰۵

رویای پروانه

رویا در کافه‌یی در فرودگاهی نشسته بود و نم نمک قهوه می‌نوشید و سر فرو برده بود در کتابی که نقلِ رویای یک شاعر بود. در آن رویا، پروانه‌یی آمده بود و نشسته بود روی شانه‌ی شاعر و بال مالیده بود بر لاله‌ی گوش‌اش و همین که مرد آمده بود با پشت دست بِرانَدَش، بال زده بود و نشسته بود بر لبه‌ی فنجان قهوه‌یی که در برابرش بود و تا دوباره به تاراندنش دست تکان داده بود پرکشان رفته بود روی صندلی‌ی برابر و بال بال زده بود و ناگهان بال‌ها را به دو سو افکنده بود و شده بود زنی زیبا و کتابی در دست گرفته بود و آغاز کرده بود به خواندن و کتاب، قصه‌ی زنی بود که عاشق مردی می‌شود که ناگهان روزی در کافه‌یی بین راه که او داشته کتاب می‌خوانده و قهوه می‌نوشیده پیدای‌اش می‌شود، رو به روی‌اش

می‌نشیند و او را شیفته‌ی خود می‌کند و زن، آرزو می‌کند که مرد از او بخواهد که در ادامه‌ی سفر همراه او باشد و او در سفر مجال داشته باشد تا مرد را شیفته‌ی خود کند و مردِ شیفته، همه‌ی زنده‌گی و روزگارش را رها کند و مرد او باشد و از همین رو از مرد می‌خواهد که پیش از آن‌که مجال سخن گفتن به سر آید چیزی بگوید و مرد شعری می‌خواند که در آن پروانه‌یی همین که سر از پیله در می‌آورد، پر می‌کشد و روی گلی می‌نشیند خوش‌رنگ، و از بوی دل‌آویزاش مست می‌شود. در این هنگام سایه‌ی دستی از روی گل می‌پراندش؛ دست، دست مردی بوده و گل را می‌چیند تا بر زلف یارش بزند. پروانه آرزو می‌کند گل شود تا بر زلف یاری نشیند. گل می‌شود. آن‌گاه وقتی عاشق معشوق را می‌بوسد و در پیچ و تابِ بوس و کنار، گل بر زمین می‌افتد. پروانه‌ی گل شده‌ی بر زمین افتاده آرزو می‌کند معشوق شود تا با بوسیدن‌اش گل بر خاک افتد. چنین می‌شود: عاشقی پیدا می‌شود چنان‌که افتد و دانی . . . و وقتی عاشق نامهربانی می‌کند و معشوق آزاری، پروانه‌ی گل‌شده‌ی معشوق از کار درآمده، بر خود سخت می‌گیرد و از دیو و دد و معشوق و گل ملول می‌شود

و پروانه شدن را آرزو می‌کند. شدنی شدنِ این آرزو اما با دیگرِ شدن‌ها تفاوت دارد. تفاوت‌اش در شرطی‌ست که دارد. شرط این است که اگر می‌خواهد دوباره پروانه شود باید از پله‌ی نخست بیآغازد. از پیله. پس، پیله را آرزو می‌کند و همین که آرزو، پیش از آن که آرزو شود، از ذهن‌اش می‌گذرد مثل نجوا در هوا گم می‌شود. هرچه شاعر به پایان شعرش نزدیک‌تر می‌شود صدای‌اش نجواگونه‌تر می‌شود.

رویا به صدای نجوا سر از روی کتاب گردانده بود و چشم‌اش در چشم مردی افتاده بود که فنجانی در دست داشته و با نشان دادن فنجان به زن رو به روی‌اش پرسیده بود: " قهوه؟"

زنِ روبرو گفته بود : " نه" و سپاس‌گزاری کرده بود.

ــ می‌ترسید بی‌خواب‌تان کند؟ بی‌خوابی بد نیست. گاهی بهتر است بیدار بود تا خواب. من که آرزو می‌کنم این دم در بیداری باشد که می‌بینم. بیداری روشنی است. خواب تاریکی.

ـ من اما این گونه فکر نمی‌کنم. خواب مادر رویاست، خواب خوب پُر است از رویا. در رویا روشنی فراوان است. مانند آفتاب که رویای

ماه است. همان آفتابی که شب را روز می‌کند. و یخ را آب . شما
البته که نمی‌خواهید بگویید آب تاریکی است. هیچ شاعری آب را
تاریکی نخوانده است. خوانده؟ بیداری خوب است، اگر بیداری باشد.
خیلی از بیداری‌ها ادای بیداری‌ست. از خواب غفلت هم خواب‌تر
است. عکس است. رمز و راز ندارد. بیداری‌ی بی رمز بیداری نیست.
درست مثل خواب بی‌رویا.

ــ شما همیشه خوش دارید جمله‌ها را بپیچانید؟

ــ جمله‌ی بی پیچ و تاب رازی ندارد که با گشودن‌اش لذت ببری.
جمله‌ی ساده همه جا پیدا می‌شود. این روزنامه‌ها پُراند از جمله‌های
بی‌پیچ و تاب. حالا آیا می‌توانم بپرسم چه می‌خوانی؟

ــ شما را !

ــ شما دیگر کیست؟

ــ همین نازنینی که رو به روی‌ام نشسته است.

ــ من اما یگانه‌ام. مانند خدا، تا ندارم. یگانه "شما" نمی‌شود.

ــ ببخش، تو را!

ــ مرا؟

ــ زنی که پروانه شده بود. نام این قصه است: زنی که . . . . راستی چگونه می‌شود پروانه شد.

ــ با رویا. در رویا می‌شود همه چیز شد. می‌گفتی، داری قصه‌ی زنی را می‌خوانی که پروانه شد، من اما پروانه‌یی‌ام که زن شده.

ــ گفتم که شما . . . ببخش، تو، خوش داری بپیچانی. چه تفاوت دارد حالا. پروانه‌یی که زن شد یا زنی که . . .

ــ تفاوت می‌کند. من از اینی که داری می‌خوانی گذشته‌ام. این درباره‌ی پیش از من است، اما اکنون دیگر پروانه نیستم. من زن‌ام اکنون. می‌خواهم همین باشم که می‌بینی. زنی که آسمان و زمین و گل و گیاه را دیده و حالا می‌تواند بنشیند در برابر مردی که توای و دل‌بری هم بکند. بال‌های‌ام را هم همین‌حالا، همین‌جا در برابر تو می‌سوزانم تا باورت شود که نمی‌خواهم آنی باشم که می‌خوانی. همینی که می‌بینی.همین که هستم. اگر راست می‌گویی حالای مرا بخوان.

آن‌گاه بی معطلی فندکی را که روی میزِ رو به روی‌اش بود برداشت و هر دوبال بر زمین افتاده را آتش زد. آتش در بال‌ها افتاد و در چشم به‌هم زدنی خاکستر شدند و ریخت‌اند روی زمین.

ـ . . . . . .

ـ دیدی، به همین ساده‌گی راهِ برگشت را بستم که با تو باشم. آیا تو هم می‌توانی بمانی و برنگردی به کتاب؟

ـ در کتاب امّا ماندنی‌ترم.

ـ ماندنی‌تر برای کی؟

ـ ماندنی‌تر برای هرکه بخواندم

ـ بی‌تردید من. من می‌خواهم بخوانم‌ات تا تمام‌ات کنم. نه یک‌باره که چندباره. اما در این مدت خواننده تنها من باید باشم و وقتی همه‌ی واژه‌هایی که ساخته‌اندت ملکه‌ام شد. تمام‌ات می‌کنم. یعنی در خودم جذب‌ات می‌کنم که نباشی تا جذب دیگری شوی. در دنیای آدم‌ها به این می‌گویند خودخواهی. خودخواهی یا خودکامه‌گی؟ چه تفاوت دارد؟ من هم خودکامه‌گی را و نیز خودخواهی را خوش می‌دارم. خودخواهی باید از خواستن برای همه‌گان پیشی بگیرد. تا

خواستن برای خود نباشد، خواستن برای همه در کار نیست. من این‌گونه می‌اندیشم. من می‌خواهم‌ات چون خودخواه‌ام.

ــ نمی‌دانم بترسم یا خرسند باشم؟ آن وقت خودت چه می‌کنی؟

ــ برمی‌گردم به پیله‌ام. از نو می‌آغازم.

رویا، بی‌اختیار، فنجان خالی‌ی قهوه‌اش را به لب نزدیک می‌کند گویی به خود آمده، بر زمین می‌گذارد. ساعت‌اش را نگاه می‌کند و چشم می‌اندازد به تابلوی آمد و شد. زمانی به پروازش نمانده است. باید برای سوار شدن شتاب کند وگر نه جا می‌ماند. کتاب را می‌خواهد ببندد که مرد به پروانه‌ی رویا شده می‌گوید: من باید بروم. کتاب که بسته شود نمی‌مانم. نمی‌توانم بمانم. ماندنِ من به باز بودنِ کتاب بسته‌گی دارد.

رویا می‌گوید: چرا؟ مگر من بال‌هایم را نسوزاندم؟ سوزاندم یا نسوزاندم؟ سوزاندم. . . سوزاندم که بمانم. بال که نباشد پریدنی هم نیست. بال است که می‌پراند. من ترک بال کردم تا در کنار تو باشم.

تو هم که می‌گویی ماندن‌ات به باز و بسته بودن کتاب بسته است.

ـ پس من چه؟

ـ تو هم با من بیا اگر بر شانه‌ی من بنشینی، برت می‌دارم و می‌برمات در پیله‌ی‌خودم. پیله‌ی من همین کتابی‌ست که در دست . . .

هنوز جمله‌اش تمام نشده بود که رویا کتاب را می‌بندد و برمی‌خیزد. اما مرد چابک‌تر از آنی بود که در خیال رویا و پروانه بگنجد. درست پیش از بسته شدن کتاب پروانه را بر دوش گرفته بود و با خود برده بود در متن کتاب.

رویا کارت سوار شدن هواپیما و کارت شناسایی‌اش را نشان می‌دهد و از دالانی می‌گذرد و واردِ هواپیما می‌شود. مهمان‌داری لبخند می‌زند و جای او را نشان‌اش می‌دهد. می‌نشیند. کمربندش را می‌بندد. نگاهی به اطراف‌اش می‌اندازد. برای لحظه‌یی سرش را به پشتی‌ی صندلی تکیه می‌دهد و چشمان‌اش را می‌بندد. هنوز همه‌ی مسافران بر سر جاهاشان ننشسته‌اند. خسته‌گی و خواب دست به

دست هم می‌دهند و می‌ربایندش. رویا را خواب می‌رباید و خواب را رویا:

باغی‌ست خلوت، پر از درخت میوه و گل و آواز آب و پرنده. هی سایه و نسیم است که بر تن و مو بوسه می‌زنند. بر سکویی زیر سایه‌ی چناری که بر کُنده‌اش عکس پروانه‌یی کَنده شده است مردی خوش قد و بالا دراز کشیده آرنج تکیه‌گاه سر کرده و غرق خواندن است. مرد را انگاری در جایی دیده‌است. نزدیک‌تر می‌رود. هرچه به مرد نزدیک‌تر می‌شود بیش‌تر باور می‌کند که او را دیده است: "کجا؟ کجا دیده‌ام‌اش؟" ذهن یار نیست. حافظه یار نیست. " دیده‌ام‌اش، می‌شناسم‌اش، نه، من اشتباه نمی‌کنم. اما کجا؟ خدایا چرا من این‌گونه شده‌ام؟ من که حافظه‌ی رشک برانگیزی داشتم! نه جایی برای یادی در خاطره مانده و نه جایی برای خاطر در دل!"

مرد اما در این عالم‌ها نیست؛ انگار نه انگار که کسی وارد باغ خلوت شده است و دارد پیش می آید تا خلوت او را از هم بدرد. دارد می‌خواند. از روی نوشته‌یی می‌خواند. و گاه گاه جمله‌هایی را بلند

بلند می‌خواند. انگاری متنی را از بر می‌کند یا نمایش‌نامه‌یی را با
خود تمرین می‌کند:

ــ تو از چه جنسی هستی؟ اگر از جنس پرنده‌گانی چرا از پرنده بودن
تنها پریدن می‌دانی و پرنده‌گان وقتی بر زمین می‌نشیند راه هم
می‌روند یا دست کم می‌جهند. اگر از جنس خوابی چرا آرامش را از
آن که بر او چیره شده‌یی می‌گیری؟ اگر از جنس چیره‌گان هستی
چرا رها می‌کنی؟

مرد نگاه از نوشته برمی‌گیرد و سر بالا می‌کند تازه متوجه می‌شود
که زنی دارد به او نزدیک می‌شود. نیم خیز از جای‌اش برمی‌خیزد:

ــ از کجا وارد شدید؟ مگر در باز بود؟ با کی کار دارید؟

ــ سلام، ببخشید اگر خلوت‌تان را بر هم زدم. من . . . من . . . خودم
هم نمی‌دانم چطور شد که سر از این‌جا درآوردم. خط و خال یک
پروانه . . . نه، چه می‌گویم؟ مرا ببخشید . . . پرت پرت‌ام.
خواب‌آلودم انگار. اما . . . شما . . . شما را من می‌شناسم. ما، جایی
پیش از این هم‌دیگر را ندیده‌ایم؟

۲۸

ــ نه، نمی‌دانم. شاید . . . . . اما من این‌جا قرار بود تنها باشم. از قضا داشتم همین‌جای‌اش را می‌خواندم. این‌جای قصه زنی در کار نیست. یعنی زن دیگری در کار نیست. شما چه‌طوری به این‌جا آمدید؟ از کجا؟ در که بسته بوده، دیوارها هم که بلندند. جلو راهِ آب هم که نرده گذاشته‌اند. از کجا؟ این‌جا جز پرنده‌ها و پروانه و من کسی نمی‌تواند وارد شود.

چشمان‌اش را می‌مالد و ادامه می‌دهد:

ــ خواب هم که نیستم. اگر خرافاتی بودم می‌گفتم دختر شاه پریون به خلوتِ من آمده است.

ــ داشتید کتاب می‌خواندید؟

ــ نه، یعنی چرا! هم نه، هم بله. راست‌اش هنوز کتاب نشده. یکی از نوشته‌های خودم است دارم مرور می‌کنم تا پیش از آن که از خود جداش کنم، ببینم آیا دست‌کاری لازم دارد یا نه؟

ــ نمی‌خواهید از من دعوت کنید که بنشینم؟ راه درازی آمده‌ام تا به این‌جا رسیده‌ام.

ــ چرا، خواهش می‌کنم. اما شما نگفتید از کجا آمده‌اید. بفرمایید.
من این جا صندلی و پشتی و از این چیزها ندارم. ظاهر و باطن
همین پتوی سربازی و همین سایه‌سار پر خاطره.

ــ بهتر از این نمی‌شود. این آرامش به جهانی می‌ارزد. زیاد هم نگران
این که من از کجا آمده‌ام نباشید. فکر کنید من آمده‌ام که شما
نوشته‌تان را برایم بخوانید. مگر کسی که می‌نویسد مخاطب
نمی‌جوید؟ خوب، من هم آمده‌ام که مخاطب شما باشم.

ــ خوش آمدید. دستِ کم می‌توانم نام‌تان را بپرسم؟

ــ فکر می‌کنم شما را می‌شناسم. حالا می‌فهمم چرا خیال می‌کردم
شما را پیش از این دیده‌ام. من مشغول خواندن کتابی هستم. دقت
که می‌کنم می‌بینم شما چقدر شبیه آن مردِ کتاب، همانی که داستان
بر گرد او رخ می‌هد، هستید.

ــ تا کجاش را خوانده‌اید؟

ــ تا جایی که مرد پروانه را با خود به متن می‌بَرَد

ــ می‌خواهید دنباله‌ی قصه را براتان بگویم؟

ــ نه، رویاست و یک سفر دور و دراز و یک قصه‌ی ناتمام. بهتراست خودم به پایان داستان برسم.

ــ پایان داستان همیشه پایان رویا نیست.

ــ راستی اگر رویا نبود شاعران از چه سخن می‌گفتند؟

ــ لابد از کابوس.

ــ کابوس هم روی دیگر رویاست، اگر رویا و کابوس نبودند؟

ــ لابد . . . نمی‌دانم، من هیچ‌گاه بی‌رویا نزیسته‌ام اگر هم رویایی نبوده کابوس دیده‌ام.

ــ یعنی شما رویا را خوش‌تر می‌دارید؟

ــ کی نمی‌دارد؟

ــ اگر رویایی شما را بردارد و با خود به سفر ببرد با او می‌روید؟

ــ رویا شاعر را بی‌پرسش با خود می‌برد. رویاها سرخودند. نیازی به اجازه ندارند. خودخواه و یکه‌تازند.

ــ و بی‌تردید نمی‌خواهید بگویید که شاعران از این که سرسپرده‌ی رویا هستند، ناراضی‌اند.

ـ نه! نه! شاعران سرسپرده‌ی دو چیزاند. رویا و واژه. رویای بی‌واژه
و واژه‌ی بی‌رویا در قاموس شاعران نمی‌گنجد.

ـ چه می‌دهید اگر در این لحظه رویایی شما را با خود ببرد؟

ـ من اکنون بیدارم. رویا و بیداری؟

ـ رویا، شعر که می‌شود خواب و بیداری نمی‌شناسد.

در این هنگام صدای زنی از پشت سر شنیده می‌شود که می‌گوید:
هرچه می‌گردم نمی‌بینم. آخر کی بال اضافی دارد که بدهد به من؟
هر کس بال‌اش را برای خودش نگه می‌دارد. هیچ بال‌داری به
بی‌فکری من نیست که بال‌اش را به آتش بکشد. چه فکر می‌کردم،
چه شد! از دیو و دد ملول‌ام و . . .

رویا مرد را از باغ برمی‌دارد ، می‌رباید و با خود می‌پراند، می‌برد. از
همان راه که وارد شده بود خارج می‌شود. اوج می‌گیرد و دور، دور،
دورتر می‌شود.

هرچه مرد و رویا از پروانه دورتر می‌شوند پروانه به پیله نزدیک‌تر، و هرچه پروانه به پیله نزدیک‌تر، صدای مرد به نجوا نزدیک‌تر می‌شود. رویا با صدای نجواگونه‌ی مردی که کنار دست‌اش نشسته است به خود می‌آید:

ــ بیدار شو، رسیدیم، چه‌قدر می‌خوابی ؟

۲۶ می ۲۰۰۷ ـ اوشن سیتی، مریلند

از رویا پریدن رویا

رویا از رویا در آمد و در بستر نشست. تلفن زنگ می‌زد. بستر افتاده بود میان اتاقی با دیوارها و سقفی از آینه. هر چهره که در آینه‌ها می افتاد، پنچ‌تا می‌شد. رویا، رویای پنج‌گانه بود در میان آینه‌ها.

داشت خواب می‌دید که اسب سپیدی آمده است ایستاده در حیاطِ خانه‌ی مادر بزرگ و شاخه‌های درخت نارنج مانع از آن بود تا سوار دیده شود. یال بلند اسب تا به زمین می‌رسید. گروهی داشتند حیاطِ خانه را آب و جارو می‌کردند انگار کسی باید می‌آمده اما نیامده بود و از همین رو هیچ‌یک از اهل خانه شاد نبود. اسب ایستاده بود و پا می‌کوبید و سوار پیدا نبود. همین جای رویا بود رویا، که صدای تلفن از خواب پرانده بودش. یک چیز دیگر هم یادش مانده بود: شالی سیاه رنگ!

پهلو به پهلو می‌شود رویا

گوشی را برداشت، اما از گوشی‌ی تلفن جز بوق آزاد صدایی به گوش‌اش نرسید.

ـ آیا خواب دیده‌ام؟

ـ خواب دیده بود آیا؟

از دل‌اش گذشت که زنگ تلفن از آن سر دنیا بوده است. دوباره سر بر بالش گذاشت و چشم بر هم نهاد. از خواب خبری نبود. پهلو به پهلو شد و در آینه‌ها پنج پیکرِ سیاه پوش پهلو به پهلو شدند. هوا در میان گرگ و میش گیر کرده بود انگار. روشنای روز دیر کرده بود. خواب از سر رویا گذشته بود و رویا از سوار و اسب و حیاط دور مانده بود.

رویا نشست و زیر لب گفت:

ـ نه، خواب از سرم پریده! کی بود؟

روی صفحه‌ی تلفن به شماره‌ی تلفن‌هایی که به او شده نگاه کرد. آخرین تلفن را دیشب، پیش از آن که به رخت‌خواب برود دریافت کرده بود. حوصله‌ی حرف زدن نداشته بود و پاسخ نداده بود. دیرتر به پیامی که تلفن کننده گذاشته بود گوش داده بود و شنیده بود که:

ـ کاری نداشتم فقط می‌خواستم حالات را بپرسم. دوباره زنگ می-

زنم.

دوباره در بستر فرو می‌رود و پنج بستر، پنج پیکر بی‌تاب را در خود می‌پیچند و پنج جفت چشم بر هم نهاده می‌شوند و پنج بیدارِ خسته به خواب می‌روند:

اسب سپید هنوز ایستاده است. شال سیاه همه‌ی حیاط را گرفته دور ستون‌ها پیچ خورده و نشسته روی حوض. یک سرِ شال رفته است تا پشت بام و پوشانده است شاخه‌های رَز را. سواری در کار نیست. پنج آغوش پیاده‌ی پر نشده گشوده مانده است. پنج جفت چشمِ

چشم به راه حلقه حلقه اشک می‌گردانند در خود. آینه‌ها تاریک می‌-
شوند. سواری می‌رسد از راه آیا؟ پر می‌شود این همه آغوش؟

پهلو به پهلو می‌شود رویا

در حیاط مادر بزرگ مراسم عروسی به هم خورده است. صندلی‌ی
عروس واژگون، افتاده کنار حوض. در گوشه‌ی حیاط روی تخت. تار
و کمانچه و تنبک خاموش رها شده‌اند. مطرب‌ها نیستند، مثل سوار
و عروس که نیستند.

سایه‌یی آرام از پشت درخت نارنج می‌گذرد. اسب به دیدن سایه رم
می‌کند. روی دوپا بلند می‌شود و شیهه می‌کشد. چُرت کبوترها پاره
می‌شود و سر از زیر بال در می‌آورند. آسمان حیاط پوشیده می‌شود
از کبوتر. سایه‌ی انبوه کبوترها گره می‌خورد در پیچ و تاب شال سیاه
و بوی کبوتر می‌پیچد در حیاط. ماهی‌های حوض راهی‌ی ته حوض
می‌شوند. نسیمی که از پر زدن کبوترها در گرفته، باد می‌شود و

می‌پیچد در سرشاخه‌ی درخت نارنج، می‌افتد در یال اسب، پریشان می‌کند و لوله می‌شود رو به گوشه‌ی حیاط روی تخت. سیم‌های تار و کمانچه دل‌شان برای ابوعطا تنگ می‌شود. سواری نیست. مطربی نیست. سایه هست و باد است و بوی کبوتر. آینه‌های تاریک و چشمان خفته و بستر پر رویا.

رویای رویا کابوس شده بود

دوباره، رویای از رویا پریده ، به امید رویا چشم فرو بسته بود.

۲۷ می ۲۰۰۶

روز روشن

روز روشنی بود. پرنده‌ها می‌خواندند، بیدها می‌رقصیدند و من سر حال بودم. ناگهان ابری تیره بر آسمان گذشت و همه جا تاریک شد. سر به آسمان برداشتم تا تیره‌گی را بکاوم به امید نوری، اما نسیم چون دستی سرد بر پیشانی‌ام نشست و پلک‌های‌ام را بست. آرام بر جای خشکیدم. صدای دور و بری‌ها را می‌شنیدم که شگفت‌زده می‌گفتند هیچ چیز نمی‌بینند. هیچ چیز نمی‌دیدند. من اما با چشم‌های بسته هرچه را که دیگران نمی‌دیدند می‌دیدم.

ناخودآگاه نگاه‌ام به آسمان افتاد. دیدم که یک گوی درخشان در ژرفای آسمان هویدا شد. پیش آمد و ابر سیاه را پس زد. بزرگ بود و نورانی. گمان بردم خورشید است اما خورشید آن سو ترک برای

خودش داشت بی‌رمق می‌تابید. می‌شنیدم که هرکس که دور و برم بود از ندیدن سخن می‌گفت. من اما می‌دیدم. می‌دیدم؟ دیگران را نه. آسمان را می‌دیدم و صدا ها را می‌شنیدم. همه‌گان ناپدید شده بودند و تنها صداشان مانده بود. ولی گوی درخشان را می‌دیدم که با سرعتی سرسام‌آور به سوی زمین پیش می‌آمد. هرچه به زمین و من نزدیک‌تر می‌شد کوچک‌تر می‌شد. سرانجام، وقتی به من رسید کوچکِ کوچک شده بود. یک نقطه. به اندازه‌ی نقطه‌یی که در پایان یک جمله می‌نشیند. نقطه پیش آمد و چون گلوله‌یی به سینه‌ام خورد، تکانی خوردم و سینه‌ام سوخت. بی اختیار دست به سینه بردم، می‌خواستم چیزی را که به سینه‌ام چسبیده از خود جدا و به دورش بیافکنم. تکه‌یی از سینه‌ام را در دستم گرفتم و کوشیدم تا نقطه‌ی سوزان روی سینه‌ام را از خود بِکَنَم. نشد. دستم اما سوخت، سرم گیج رفت و دیگر هیچ نفهمیدم.

نمی‌دانم چقدر گذشت تا به هوش آمدم. شب بود. ماه و ستاره ها در آسمان می‌درخشیدند، با این همه تاریک بود. نمی‌دانستم کجا هستم.

دست چپ‌ام می‌سوخت و مشت شده بود. حس کردم چیزی در مشت پنهان کرده‌ام. بازش کردم. گوی درخشانی بر روی تاولی کف دست‌ام نشسته بود. با باز شدن دست‌م نور گوی نورانی همه جا را روشن کرد. خواستم با انگشتان دست راست گوی را لمس کنم نتوانستم. کجا بودم؟ چه می‌کردم؟ یادم نمی‌آمد. از جا برخاستم و راه افتادم. دست اگر می‌بستم تاریک می‌شد، دست باز، نور بر کف دست از خم کوچه‌یی که در آن بودم گذشتم و به میدانی رسیدم که در آن گروهی به انتظار ایستاده بودند. مرا که دیدند هلهله سر دادند. ایستادم. پیرمردی پا پیش گذاشت مرا به نام خواند. نام‌ام را به یاد آوردم. گلوی‌ام خشک شده بود. دهان گشودم اما زبان‌ام از خشکی به سقفِ دهان‌ام چسبیده بود و نتوانستم به مرد پیر درود بگویم. سرم را به نشانِ درود پایین آوردم. پیرمرد در آغوش‌ام گرفت و پیشانی‌ام را بوسید. همین که آغوش گشادم تا من نیز او را در بغل گیرم گوی درخشان از دست‌ام رها شد آرام بالا رفت تا سر در خانه‌ها. گِرد میدان و محله چرخید. مردمان خیره بر آن می‌نگریستند و گوی نورانی بر هر در که می‌گذشت انگار چراغی بر فراز آن خانه

۴۷

می‌افروخت، نه، می‌درخشید. هرچه بیش‌تر نور رها می‌کرد، درخشان‌تر می‌شد. بر آن خیره مانده بودم که از آسمان میدان می‌گذشت و پیش می‌رفت و هم چنان که پیش می‌رفت، هلهله‌ی آدمیان را نیز با خود می‌برد.

در همین هنگام دختری نوجوان با قدی بلند و گیسوان بافته‌ی بلند و سیاه، با چشمانی به ژرفای دریا و با چهره‌یی دوست داشتنی، پیاله‌یی در دست، به ما نزدیک شد. سرش را به نشان درود خم کرد و پیاله را به پیرمرد داد. پیر، پیاله را از او گرفت و به لبان من نزدیک کرد. نوشیدم. خنک بود. طعم خوشی داشت. گوارا بود. لب که از پیاله برداشتم می‌توانستم سخن بگویم. سپاس‌گزاری کردم و پرسیدم کجا هستم. پیرمرد هیچ نگفت. لب‌خند زد. دست راستاش را روی شانه‌ی چپ من گذاشت و با دست چپ راه را نشان داد. راه افتادیم. از میانه‌ی میدان گذشتیم و به کوچه‌باغی پیچیدیم. پیرمرد ساکت بود اما هم‌چنان خنده به لب داشت. مردم، حیران، سرجاشان ایستاده بودند و ما را تماشا می‌کردند. تنها ما بودیم که راه می‌رفتیم. پیرمرد و دخترک و من. و هرجا که می‌رفتیم، آن گوی، انگار گامی پیش‌تر

از ما بر آسمان‌اش گذشته بود. رفتیم تا به باغی رسیدیم. در باغ باز بود. پیرمرد برای نخستین بار لب گشود و گفت: رسیدیم.

جای خوشی بود. از دالان باغ که گذشتیم. آب‌نمایی دیدم که جوی آبی به آن می‌ریخت و دور تا دورش سایه ساری خوش‌نشین از درختان بید و نارون و در میان‌اش آن گوی نورانی می درخشید. . کنارِ آب‌نما میزی بود و سه صندلی. پیرمرد به نشستن دعوت‌ام کرد. نشستم. دست چپم هنوز می سوخت. نگاه‌اش کردم. پیر باز لبخند زد و به دختر جوان که هنوز ننشسته بود اشاره یی کرد. دختر پیش آمد و پیش پای‌ام زانو زد. دست دراز کرد و دست چپ‌ام را میان دستان‌اش گرفت. لب‌اش را به تاول دست‌ام نزدیک کرد و بوسه‌یی بر آن نهاد. لبان‌اش نمناک و خنک بود. بعد سر بلند کرد و نگاه‌ام کرد. دو گوی درخشان و نورانی در چشمان‌اش می‌درخشید. دست‌ام دیگر نمی‌سوخت اما جان‌ام همه آتش بود، انگار. نگاه‌اش کردم. لبخند زد. سر گرداندم و به پیر نگریستم. در چشمان پیرِ او نیز

چیزی می‌درخشید. پیرمرد برخاست. خم شد و مشتی آب از آب‌نما به صورت زد و مشتی نیز نوشید و رو به من آرام گفت:

من دیگر باید بروم . آوردیم‌ات این‌جا که نفسی تازه کنی. ستاره با تو می‌ماند. من می‌روم که ارمغان قلب تو را بر فراز میدان‌های دیگر هم بیافرازم.

پرسیدم: ولی...، آخر...، من...، این...، دست‌ام...

انگشت اشاره را به سوی بینی برد و لب‌خند زنان زمزمه کرد:

شتاب چرا؟ خواهی دانست. بگذار تا کنار این آب‌نما لختی بنشینی و نفس تازه کنی. خواهی دانست. شتاب چرا؟ و روی گرداند و رفت. او که رفت دختر جوان دست‌ام را گرفت و بلندم کرد. با هم قدم زنان رفتیم تا گوشه‌ی دیگری از باغ با فرشی گسترده از گل‌برگ‌های رنگارنگ. آرام نشست و مرا هم کنارش نشاند نگاهم کرد و با دست به ران‌اش زد یعنی بخواب. مثل مادرم که سرم را بر ران می‌گرفت. دراز کشیدم و سرم را روی ران‌اش گذاشتم. دست بر سرم کشید و برای نخستین بار به سخن درآمد:

حالا بخواب. فردا که برخیزی راهی دراز پیش رو داریم.

خواستم چیزی بگویم اما پلک‌هایم سنگین شد و روی هم افتاد. چشم‌هایم را بستم و دیدم که روز روشنی بود. پرنده‌ها می‌خواندند، بیدها می‌رقصیدند و من سرحال بودم. ناگهان ابری تیره بر آسمان گذشت و همه جا تاریک شد. سر به آسمان برداشتم تا تیره‌گی را بکاوم به امید نوری، اما نسیم چون دستی سرد بر پیشانیم نشست و پلک‌هایم را بست . . .

جای سوخته‌گی‌ی روی کف دست چپ‌ام یادگار آن خواب است.

تابستان ۲۰۰۳

توضیح : من این داستان سرود یا قصه یا هرچه می‌خواهید نام‌اش کنید را نوشتم تا جایی که وارد باغ شدم و کنار آب نما نشستم. بعد از آن ماندم که خوب دیگر چه باید بشود ؟ روزها گذشت و همان کنار آب نما مانده بودم و پاسخی برای " دیگر چه باید بشود ؟" نداشتم. ماجرا را با دوست‌ام، ساسان قهرمان در میان گذاشتم مثل همیشه با مهربانی پاسخی برای سر درگمی‌ی من پیدا کرد. پایان بندی‌ی این نوشته را مدیون راهنمایی‌ی اوی‌ام. درود بر تو ساسان جان.

آخشیکِ پنجم

آخشیک پنجم

غیر از واژه هیچ نبود و واژه نزد قلم بود و قلم نبود چرا که آفرینشی

نبود و آفرینشی نبود چرا که آفرینشگری نبود و آفرینشگر نزد واژه

بود. سپس "این آسیاب هی گشت و گشت[1]" و واژه جهان آفرین

را آفرید و جهان آفرین در کار آفرینش جهان شد امّا جهان هنوز

درگلوی واژه بود و واژه که خود از چهار حرف پدید آمده بود چار

آخشیک[2] را آفرید :

کجا گوهری چیره شد ز این چهار

یکی آخشیک‌اش بر او برگمار.

---

۱. فریدون مشیری: اشکی درگذرگاه تاریخ: ..... / بعد دنیا هی پر از آدم شد و
این آسیاب / گشت و گشت / قرن‌ها از مرگ آدم هم گذشت / .....
۲. آخشیک = آخشیج ، عناصر چهارگانه: آتش، خاک، آب و باد

۵۵

جهان آفرین کـ این جهان آفرید
بلند آسمان از بَرَش برکشید
فراز آورید آخشیجان چهار
کجا اندر او بست چندین نگار
بر این آتش است و فُرودینْش خاک
میان آب دارد ابا بادِ پاک.[۳]

آن گاه آخشیک‌های چهارگانه گرد هم آمدند و تا پایه‌ی جهان بگذارند، هر یک عهده‌دار کاری شد.

آب ، به پدید آوردن رود و دریا و کوه و دشت و آبادانی. باد به پیام رسانی و حرکت و جنبش و تداوم و جابه‌جایی، خاک به زاینده‌گی و رشد و آتش که هماهنگ کننده‌ی آن چهار شده بود، نیز، در کارِ نیرو دهی و گرما شد تا دست در دست یک دگر به ساختن و سامان دادن جهان همت کنند.

۳. ابوشکور بلخی

روز از پی‌ی روز می‌گذشت و سختی‌ی کار چهره روشن‌تر می‌نمود تا جایی که فرصت اندیشه و مشورت و آرامش از میان رخت بربست. کار شور به گلایه و شکوه رسید و هریک را ادعا چنین آمد که ارزش کار او از دیگران برتر و سهم او در کار جهان بسیارتر و نبود او کار ساختن و سامان دادن را ادورتر کند. اختلاف چنان بالا گرفت که چهره ها بر یک دگر برافروختند و به روی هم دندان‌ها ساییدند و مشت‌ها گره کردند و از یک دگر روی گردانیدند. در نتیجه سکون و درجا زدن جای تلاش و پیش‌رفتن را گرفت و همه چیز از حرکت ایستاد.

تا خبر به آفرینشگر رسید، چار آخشیک را بخواست و بازپرسی بیاغازید و لب به اعتراض و سرزنش بگشود که این ره که شما می‌روید نه آن است که باید. ما شما را به ساختن و سامان دادن برگماردیم و شما راه اختلاف و شکوه از همدگر برگزیدید و اگر چاره دگر نکنید چنین و چنان کنیم و رشته ی کار خود در دست گیریم که دست ما بالاترین دست هاست.

در نهایت یک شبانه‌روز آخشیک‌ ها را مهلت بداد تا رویه دگر کنند
و راهی تازه گزینند و کار سامان جهان را به فرجام رسانند و آنان را
هش‌دار بداد که:
ـ مهلت را غنیمت شمارید که این کلام آخر است و اگر غفلت
بورزید هیچ گذشتی در کار نیست !

حکم، حکم بود؛ یا جاری می‌بایدش کرد، یا به گوشه‌یی خزید و
شاهد روی کار آمدن دیگران شد. از این رو چار آخشیک ناچار
گلایه و اختلاف را به کنار نهادند و از درِ دوستی گردهم آمدند و
پیمان بستند تا نفرت را در خود سرکوب و راه مهر و صواب پیشه
گیرند.

یکی از چهار که زیرک‌ تر از دیگران بود پیشنهاد کرد که از بهترین
پندارها و کُنش‌های که ذره‌یی کژی و خودبینی و خودخواهی در آن

یافت می‌نشود خود پیکره‌یی بسازند جدا، و آن پیکره را به پاژنام[۴] آخشیک پنجم، یار و راهبر خود سازند و خود، راهِ او را که راه راست باشد دنبال کنند و کاری کنند کارستان و کار جهان را به سامان رسانند.

سه آخشیک دیگر این پیشنهاد را خوش یافتند و این شد که از آن "**عشق** پیدا شد و آتش به همه عالم زد[۵]".

۸ اکتبر ۲۰۰۴ ـ لس‌آنجلس

---

۴. پاژنام: عنوان

۵. حافظ

بهاری کردنِ چهارمِ امشاسپندان

چون کارِ پرداختنِ جهان به انجام رسید و هر پاره، به گاه، مهیا شد، سی امشاسپند دستور یافتند تا به شور بنشینند و روالِ جهان را به نظم آورند که بنای جهان را از ِهمان آغاز به شور گذاردند. پس امشاسپندان از میان خویش دوازده تن برگزیدند تا هریک پاره‌یی از زمان را رقم زند. آن دوازده، نخست، سال را آفریدند، بعد فصل را، سپس ماه را و آن گاه روز را، و در دفتر خود نوشتند که روز از ماه و ماه از فصل و فصل از سال زاده شود و این‌ها بر گرد خویش بگردند و جهان را به گردش آورند و کار جهان را روال بخشند. آن دوازده چون از کار آفرینش زمان رها شدند، مانده بودند که کدام‌شان آغازگرِ سال باشد که آن که سال را می‌آغازید باید به وصف درآید. چون سرگرم گزینش پیش‌قراول شدند، کارشان به چرخه‌ی جدل افتاد و

به جایی نرسیدند. پس برآن شدند تا به واژه‌گان روی آورند. واژه‌گان، بسی بس بسیار پیش از آنان به جهان آمده بودند و آفریده‌گارِ اهورامزدا بودند واهورامزدا بی بودن واژه‌گان، اهورامزدا نبود. واژه-گان، امشاسپندان را یاری کردند تا وصف پیش‌آهنگ‌شان را بنویسند و بعد بنشینند و ببینند که وصفِ کدام امشاسپند درخورتر است و هر که را درخورتر باشد، او را سر سلسله کنند و دیگران از پی‌اش روانه شوند. پس قلم زاده شد تا سخن را نوشتنی کند. آن‌گاه امشاسپندان، هر یک قلم برکشیدند و نوشتند. چون قلم به آخر خط رسید و نقطه‌ی آخر گذاشته شد، نوشته‌ها را برخواندند و به اندیشه فرو رفتند که این تعریف، که را در خور است که درخورنده را سر سلسله‌گی پاداش همی‌بود و تعریف این بود:

آنی آغازگر است که صحرا را با مشک بیالآید و نگارگری بداند و رخسار دشت را با نگاره‌ی خویش بنگارد. سنبل و ارغوان را در کنار هم نشاند. طاووس را رسم راه رفتن بیاموزد و هم بیاموزاندش تا پاهای زشت نهان دارد که دلی که از رخشه‌ی پرهاش جلا گرفته به

دیدن پاهاش نیاشوبد. آن گاه هُدهُدان را از درگاه سلیمان، پسر داوود بخواند بر بال هریک شکوفه‌یی ببندد و آنان را بفرماید تا ندا در دهند که آی دشت و آی دمن، ما شما را به بیداری فرمان می‌دهیم و سر به خواب‌تان بنخواهیم. پس قطره‌های آب را در آب سنگ‌های زمین به جوش آرد و از دامن کوه بجوشاند. آن گاه بلبلان را نزد خویش بخواند و دستی بر بال‌شان و گلوشان بکشد و رسم گوش‌نوازی بیاموزدشان. بعد با سبزی و سبزه از در آشتی درآید و راه رُشد را نشان‌شان بدهد. آن گاه ریشه‌ی رَز را از خواب برهاند. به شبی مهتابی آبستن‌اش کند و گوهری رخشان در دل‌اش بگذارد تا به فصلی که پس از او می‌آید بزاید و در آن یکی فصل به خانه‌ی خم‌فروشان کند و در آخرین فصل گل بیاندازد به رخسار نوشنده‌گان. پس نون نوش در فصل آغازین از گلوگاه آدمی بردمد و در فصل پسین به گوش نوشنده‌گان دررسد. آفتاب را بفرماید که نوازش‌گر زمین باشد و دل زمین را به هرم سوزان نسوزاند و ابر را ندا دهد که به گاه عبور، رخ و رخسار زمین را تازه کند و باد را بفرماید که ملایمت بیاموزد و کودک خود نسیم، را بر جان درخت بنشاند. آتش

را دستوری دهد تا بر چهره‌ها گل اندازد و نسوزاند. رودها را بگوید که سر از چشمه‌ها برگیرند و راه دریا را نشان‌شان دهد. چشمه را جوشنده‌گی بیاموزد و کوه را دل داری دهد که یاور چشمه باشد.

امشاسپندان این همه را بشنیدند و هریک خود را شایسته دیدند و ندا برآوردند که من!

باز، روز همان روز بود و نوروزی، هنوز، در کار نبود. زمان می‌گذشت و کار جهان مانده بود و جهان آغازیدن نگرفته بود هنوز. واژه‌گان که چنین دیدند از امشاسپندان خواستند تا از میان خود چهار امشاسپند را که از همه با فراست تر بودند برگزینند و آن چهار را به چهار گوشه‌ی جهان بفرستند و آنی را پیشاهنگ خود کنند که زیباترین چیزها را به چنگ آورد.

اسب‌ها مهیا شدند و هر چهار امشاسپند پوزار به پا کردند و پا در رکاب نهادند به رفتن؛ و صدای پس رَوِید پس رَوِید فراشان بود و

فرش‌ها گسترده همی‌شدند به راه سواران. و جهان کوچک بود آن-سان که اگر آدمی از این سوی جهان آدمی دیگر را ندا می‌داد می‌شنید که: آری ی ی ی . . . به سان بانگی به یال کوهی که پژواک همی بتاباند به قوّتی که صدا بر او تابیده باشد. تنها صداهایی که به گوش می‌نشست، ندای کوچه دهید بود و خبری اگر از دهانی بیرون می‌جهید این بود که امشاسپندان از این گوشه‌ی جهان به آن گوشه می‌روند؛ هریک نشسته بر پشت مادیانی کهر؛ و یال مادیان‌ها به سان گیسوی شب بلند بود و سواران یال بلند حلقه همی کردند و به دور انگشتان همی پیچاندند و بانگ جارچیان بلند بود که کوچه دهید و جهان فراخ نبود، آن گونه که امروز هست.

نخستینِ امشاسپند که مادیان را هی کرد، زمستان بود و تازید تا به نیمه راهِ آخرِ جهان رسید. چون شب در رسید، از اسب به زیر آمد و به خواهش چشمان خسته، دیده برهم نهاد تا لختی بیاساید، غافل از آن که خواب از راه بازش می‌دارد. پس زمستان به خواب رفت و از راه بماند. دیگر، خزان بود، دومِ امشاسپندان، که در راه با توفان رو به رو شد سر به جان درختان نهاده و درختان را به هُرم آه برهنه

کرده؛ درختان به پای خزان افتادند که با توفان مصاف دهد و جامه-
هاشان را از او باز پس بگیرد. خزان از خواهش درختان به شور آمد
و شمشیر برکشید و با توفان در پیچید. نبرد اما بر خزان گران آمد و
تاب رفتن را از او برگرفت. پس از او، اکنون نوبت تموز بود که سومِ
امشاسپندان بود با سینه‌یی ستبر و گردنی افراشته. در راه به باغی
رسید بس خوش هوا و خوش آب. با میوه‌های رسیده و درختان
شاخ بر زمین فرو نهاده از بار گران. مرغکان می‌خواندند و جوی‌باران
روان بودند و تنوره‌ها پر آب می‌کردند و سنگ‌های آسیاها را
می‌گردانند. تنوره‌ها که لبالب می‌شدند، آب به آبشاران می‌ریختند و
برفاب از سر آبشاران سرریز می‌کردند. سومِ امشاسپندان در گوشه‌یی
بساطی دید بس دل‌انگیز. از خوردنی همه‌چیز فراوان بود و از
نوشیدنی چیزی کم نبود. امشاسپندِ خسته کنار سفره لمیدن گرفت
و خورد و نوشید تا سرمست شد. خوردن و سرمست شدن و آرامیدن
همان و از سفر بازماندن همان.

آن‌گاه بهار، واپسین و جوان‌ترین امشاسپندان که چهارمِ آنان بود،
رکاب برکشید و روانه‌ی راه شد. در راه از تابستان مست و مدهوش

گذشت، خزان را از پای درآمده دید و زمستان را پایید که، سر بر بازو نهاده، خفته بود. رفت. از دشت‌ها گذشت. فراز و فرود کوه‌ها را در نوردید. شب‌ها را پشت سر گذاشت، و روزها را، تا به رودی رسید. امشاسپند جوان پیاله‌ی زرینی از خورجین اسب برکشید، بر لب رود آمد و زانو زد به پرکردن پیاله، آب، از انبوهی، ناگهان پیاله‌اش برگرفت و با خود برد. جوان از پی‌ی پیاله چندی دوید تا از اسب خویش به دور افتاد. آهنگ برگشتن کرد. پیری دید در جامه‌ی سپید بر کناره‌ی رود به زانو نشسته، و دستان در آب می‌برد و چنان می‌- نوشد که گویی از پیاله‌یی زرین. پیر چون جوان را هراسان و نفس زنان دید از حال او پرسیدن کرد. جوان بر او درود کرد و ماجرا بگفت. پیر، خندید و او را به نشستن خواند. دستان پر آب بر دهان جوان نزدیک بکرد و او را از برف‌آب گوارا بنوشانید. پس رو به او بگفت که جهان را نه آن ارزش باشد که آب به پیاله بنوشند و دل به نداشتن‌اش چرکین کنند. جوان چون پیر را با فراست دید همه‌ی ماجرا و دلیل سفر بگفت و در دم افزود که پوزارها به گردش جهان پاره کرده است و کلاه‌ها به باد بسپرده و در روزگار جوانی چنان که افتد و دانی

خسته‌گی‌ها دیده را کم‌سو کرده و جان بُرنا به پیری گراییده. رمق از زانوان برانده و کمر را تا کرده است. پیر، در چهره‌ی امشاسپند جوان خیره بنگریست پس سر به آسمان بکرد. نگاه به خورشید انداخت که جهان را روشن کرده بود آن‌گاه رو به جوان خسته بکرد و بگفت من اکنون برترین هدیه‌ی جهان را ارمغان تو می‌کنم تا به پیش یاران‌ات که برگردی تهی‌دست نباشی و سربلند باشی و تو را از برای ارمغان‌ات به جاهِ پیشاهنگی همی رسانند؛ اما چون پیشاپیشِ دیگر امشاسپندان به راه افتی بدان و آگاه باش که آن‌چه تو را به پیش‌قراولی گماشته تحفه‌ی من بوده، پس دیگران را از همین تحفه ببخش تا آن‌ها نیز بهاری کنند و اما این که تو را ارمغان دهم دلِ خوش است. و هر که را دل خوش باشد جوان باشد هرچند چونان من گیس از دست جور زمان سپید گردانده باشد. آن گاه لب بر پیشانی و دست بر سینه‌ی واپسینِ امشاسپندان بنهاد. با آن، بهار را توانی دوباره به زانوان درآمد و خسته‌گی‌ی راه از جان‌اش رخت ببست و دوباره جهانِ جان‌اش راه جوان شدن بگرفت.

بهارِ جوان، چون به هدف خویش دست یازیده بود، دور ماندنِ بیش‌تر از یاران و دیار را روا ندانست، پس به رسم سپاس بر دستان پیر بوسه زد و آهنگ مرکب خویش بکرد. چون به مادیان کهر رسید او را سیراب و آماده یافت. پا در رکاب کرد و رو جانب خانه بنهاد.

بهارِ دل خوش که راه آمده را به روزان و شبان طی کرده بود، گویی بر نشسته بر بال باد، رفتنا را به آنی برفت. چون به دیار خویش رسید، از درِ بارگاه امشاسپندان به درآمد و درود بگفت. زمستان و خزان و تموز را دل‌مرده و خسته یافت که تهی دست به خانه باز آمده بودند. پس آستان ادب بوسید و راز سفر بگفت و بر پیشانی‌ی چهار امشاسپند بوسه همی‌زد. بوسه‌ی بهار دلِ همه‌ی امشاسپندان را خوش بکرد و خسته‌گی‌ی تهی‌دست از سفر بارآمدن از تن‌شان بسترد. آنان که حال را چنین خوش دیدند، زبان به اعتراف بگشودند که: "راستی که زیباترینِ چیزها را تو آورده‌یی"، پس او را بر تخت برنشاندند و بفرمودندش تا کلاه سروری بر سر نهد و خود به دنباله-روی‌ی با او، دست‌اش را بفشردند. پس از او خواستند تا سه تن از فرزندان‌اش را هم‌راه و هم رکاب ویژه‌ی خود کند تا سرِ روزان و

ماهان شوند و در گرداندن جهان سرِ دیگر امشاسپندان باشند. بهار اجابت کرد و فروردین و اردی‌بهشت و خرداد را پیش قراول ماهان کرد و روزِ بر تخت نشستنِ بهار و آغاز گرداندنِ جهان را نوروز بخواند. از آن پس، سال، هرسال به زادروز بهار که می‌رسد نو می‌شود و روز نو، آغاز ماهِ نو و فصل نو نیز باشد و سرِ سال باشد از پس خفتنی که میراث زمستان بوده است.

و این حکایت نوروزی را از این رو برنوشتیم تا شما به خواندن آن با ما هم کلامی کنید که شاد بودن به گاه بهار هیچ نخواهد مگر دل خوش که از خزانی برگ‌ریز و زمستانی دراز درگذرد و بهاری شود.

و بهاری نمی‌شود این دل، مگر آن‌که صاحبِ دل بهاری کند[1]

بی‌ابر، فعلِ ابر بهاری کند همی
بی‌تیغ، کار تیغ مجرد کند همی
رای موافق و نیت و اعتقاد او
عالم به‌سان خُلد مُخَلَّد کند همی
کرداره‌ی سلیم‌ترین با عدوی خویش
آن است کـاین سلیم مُسَهَّد کند همی
اقبالِ کار مرد به رای مُسَدَّد است
او رای کارهای مُسَدَّد کند همی[2]

ششم مارچ ۲۰۰۵ ــ مریلند

پانوشت:

۱. اشاره به این مسمط منوچهری‌ی دامغانی است:

من بروم نیز بهاری کنم

بر رخاش از مدح نگاری کنم

بر سرش از در خماری کنم

بر تناش از شعر شعاری کنم

وین‌همه را زود نثاری کنم

پیش امیرالامرا بختیار.

۲. بخشی از یک قصیده‌ی بهاریه‌ی منوچهری دامغانی

زنی که سواره آمد

شب از نیمه گذشته‌ست در آینه گوشه‌یی از آسمان را در قابِ پنجره می‌بینم. گل‌میخ‌های سیمین صفحه‌ی سورمه‌یی آسمان را نقره کوبی کرده‌اند. بدرِ کامل قاب پنجره را روشن کرده است.

این منظره به یاد قصه‌ی کودکی‌ی پورِ سینا و غربال دیدن آسمان می‌اندازدم:

« پورِ سینا می گوید:

– من بیاد دارم که بسیار خردسال بودم. یک روز مادرم مرا خوابانیده بود. در آن روز آسمان را سوراخ سوراخ می دیدم.

این سخن را برای مادرش نقل می کنند.

مادر پورِ سینا می گوید:

– وقتی حسین (پورِ سینا) به دنیا آمد، بنا بر رسمی که در شهر ما رایج بود، او را روی زمین و در زیرآسمان می خواباندم. غربال را روی او می گذاشتم تا حیواناتی چون مرغ و گربه و . . . . . به او صدمه نزنند، و خودم به انجام کارهای خانه سرگرم می‌شدم. این‌که او آسمان را سوراخ سوراخ می‌دیده است، همان خاطره‌یی است که از روزنه‌ی غربال در ذهن خویش دارد. »

در شرقِ گوشه‌ی نمایانِ آسمان یک تکه ابر نشسته است. می‌بینم. چشمان‌ام راه می‌کشند و می‌روند تا تکّه ابر گوشه‌نشین.

تکه ابر رفته رفته در خود می‌پیچد و شکل می‌گیرد. می‌پیچد و می پیچد و شکل می‌گیرد؛ می‌شود شکل زنی با گیسوان‌اش ریخته بر شانه‌هاش. گیسوان بلندش گویی در باد تکان می‌خورد. لختی، بفهمی نفهمی، نگذشته که یک تکه ابر دیگر از دور دست تَرَک یورتمه کنان می‌رسد. این یکی نیز در هم می‌پیچد و شکل می‌گیرد.

می‌پیچد، می‌پیچد و شکل می‌گیرد و می‌شود شکلِ اسبی رشید که یورتمه می‌رود و یالِ بلندش در باد تکان می‌خورد.

اسب یورتمه‌کنان به زن می‌رسد و می‌ایستد. آرام که گرفت زن گیسو بلند سوارش می‌شود. اسب، بی زین و افسار، ابربانو را بر می‌دارد و می‌آید به سوی پنجره‌یی که از میان قاب‌اش چشم‌های منی که به پهلو خوابیده‌ام زن اسب سوار را می‌پایند.

اسب، زن بر پشت، آرام آرام می‌آید. می‌خرامد و می‌آید تا می‌رسد درست به آسمانِ رو به روی پنجره‌ی من؛ آن‌گاه از حرکت می‌ایستد. اسب ابرین که می‌ایستد، یال اسب و نیز گیسوانِ زن، هر دو ابرین، از رقص باز می‌ایستند. زن از اسب به زیر می‌آید. خرامان به دریچه نزدیک می‌شود. نزدیک. نزدیک‌تر؛ و اتاق را پر می‌کند از حضور خودش. حس‌اش می‌کنم. می‌بینم‌اش. امّا گنگ‌ام و درمانده.

از غیب فریادرسی می‌رسد. حافظ به دادم می‌رسد و از این پس، دیگر حافظ است که حرف در دهان‌ام می‌گذارد:

زلف آشفته است بانوی ابرها، بلندبالا با چشمانی سیاه و گیسوانی چون شبق سیاه‌تر. با ستاره‌های عرق بر پشت لب و پیشانی. با لبانی پر خنده و چشمانی مست. در دست‌اش جامی، نگاه‌اش را پوشانده به من.

از کنار پنجره به کنار بسترم می‌خرامد. خم می‌شود روی صورت‌ام. آبی که از نوک موهاشمی‌چکد رخام را می‌نوازد.

نرم و آرام، آرام و نرم سر فراگوش من می‌آورد که:

« خواب‌ات هست؟ »

خواب‌ام یا بیدار می‌شوم؟ بیدارم یا خواب؟ نمی‌دانم. تنها می‌دانم که او بر گوشه‌ی تخت‌ام نشسته است و خنده دارد بر لب و می‌بینم که نگاه‌ام می‌کند و لوندانه می‌خواهدم.

حالا دو راه دارم: دست در دست‌اش گذارم وُ، از دریچه سرازیر شوم،

بر ترک اسب ابرین‌اش بنشینم تا بتازد و در گوشه‌ی آسمان ناپدیدم

کند؛ یا ، همان‌جا نگاه‌اش دارم و هی بنویسم‌اش؟

از کدام روزن بنگرم، از سوراخ‌های غربال یا در صافی‌ی اینه ؟

جولای ۲۰۰۳

زنی در زیر درخت نارنج

پگاه تازه دمیده است. در ایوان ایستاده‌ام و نگاه می‌کنم به حیاطی که کسی در آن نیست. ناگاه در زیر درخت نارنجِ میانِ حیاط می‌بینم‌اش. بر فرشی نشسته و چادر سپید گل‌دارش افتاده بر شانه‌هاش. باد گیسوان به تازه‌گی رها شده از بافته بودن‌اش را گره زده است به شاخه‌های نارنج. یا نه، شاخه‌های نارنج چنگ انداخته‌اند در گیسوانِ او، و او دست پناه ابرو کرده است و به آسمان می‌نگرد. شانه‌یی چوبین در دست دیگرش است. مسیر نگاه‌اش را دنبال می‌کنم. در انتها، در گوشه‌یی که نگاه‌اش می‌رسد به آسمان، می بینم یک دسته کبوتر سپید هرکدام نخی به نک گرفته‌اند. سر دیگر همه‌ی نخ‌ها به ارابه‌یی گره خورده که در آن دختربچه‌گانی نشسته‌اند با گیسوان پُرتاب طلایی و بال‌هایی از جنس برف پا نخورده.

همه‌شان یک شکل و هم‌قد و همه انگار عکس فرشته‌یی که
گوشه‌ی آیینه‌ی مادر بزرگ چسبیده و من هر روز صبح نگاه‌اش
می‌کردم تا ببینم هنوز بیدار است یا خواب و هرشب تا خواب دررُبایدم
چشم در چشم‌اش می‌انداختم تا خیال‌ام راحت شود که هنوز نگاه‌ام
می‌کند.

کبوتران را نیز می‌شناسم. هر روز غروب بر پشتِ بام دالان که درِ
بالاخانه به آن باز می‌شود دانه‌هایی را مادر بزرگ براشان ریخته
برمی‌چینند.

کاروان کبوترانِ ارابه کش به سوی حیاط در پروازست. گویی
کبوتران به تشویقِ نگاهِ من نیاز دارند تا ارابه‌ی سنگینِ پُر از
فرشته را از فراز سرم بگذرانند و برسند به او. نگاه‌ام را برنمی‌گیرم.
نگاهِ او نیز هنوز به آسمان است. کبوتران ارابه را از فراز سرم می-
گذرانند و به زمین نزدیک می‌شوند و ارابه را پای حوض در
نزدیکی‌ی فرشی که او بر آن نشسته است، می‌گذارند بر زمین.

کبوتران رشته‌های گره خورده به ارابه را که به نک گرفته‌اند رها می‌کنند. دخترکان فرشته‌سا یکی یکی پیاده می‌شوند. با دستان ظریفشان حلقه حلقه‌ی گیسوانِ حنایی او را از سرپنجه‌های نارنج رها می‌کنند. از سر هرشاخه که حلقه‌یی از گیسو را رها می‌کند نارنج درشتی می‌روید. رها کردن و رها شدن و نارنج روییدن تا برآمدن آفتاب ادامه پیدا می‌کند. هرچه نارنج‌ها بیش‌تر می‌شوند آفتاب بالاتر می‌آید، و هرچه آفتاب بیش‌تر برمی‌آید او از دیدرس من دورتر می‌رود. حیاط که پُرِ آفتاب شد کسی نیست در دیدرس. من نگاه‌ام را از درخت نارنج برمی‌گیرم، از ایوان به اتاق می‌روم و حس می‌کنم که تنهای‌ام.

آگست ۲۰۰۳

وقتی پرنده می‌شوم

یک

هوا خوش بود و سبک. درخت بید حیاط همسایه دوباره زنده شده بود. من رو به روی درخت بید ایستاده بودم، تماشای‌اش می‌کردم و حس می‌کردم که سبکِ سبک شده‌ام. ناگهان دیدم که دوبال بلند خوش‌رنگ از روی شانه‌هام روییدند. بال‌ها را باز و بسته کردم. چندین بار. به هم زدمشان و دیدم به چشم خویشتن که دارم پرواز می‌کنم.

همین‌که از زمین برخاستم. چرخی زدم و نشستم روی شاخه‌ی بیدِ حیاط همسایه. می‌توانستم دور و برم را ببینم و می‌توانستم بخوانم. صدای‌ام هم بَدَک نبود. مرغ خوش آوازی شده بودم که نگو. همیشه، از هنگامی که بچه بودم آرزو می‌کردم که کاش می‌توانستم بخوانم. امّا، هرگاه دهان گشوده بودم گوش‌های دیگران را آزرده بودم. حالا، اما، تفاوت داشت. من پرنده بودم. می‌توانستم مثل مرغان دیگر بپرم و بخوانم. صدام هم خوش بود، و، می‌توانستم آن چه را که آدم‌ها نمی‌توانستند ببینند، ببینم. و عجبا که گذشته‌ام را

هم به یاد می‌آوردم: از کجا آمدن‌ام را، نخستین آشیانه ساختن‌ام را، پر کشیدن‌ام را.

و به یاد آوردم که:

در دلِ درختی در دل جنگلی زنده‌گی می‌کردم. یک روز که از آشیانه‌ام خارج شدم تا غذایی بیابم، چشم‌ام افتاد به یک لاشخور. لاشخور سر در پی‌ام گذاشت خوش‌بختانه توانستم از نگاه‌اش بگریزم و در گوشه‌یی دور از او جایی بیابم و فرود آیم. هنوز امّا راه خانه را پیدا نکرده‌ام !

۲۰۰۴

دو

در بازگشت از کار کنار جاده ایستادم. حس پرواز داشتم. از ماشین پیاده شدم. یادداشتی بر شیشه‌ی ماشین چسباندم، پر گشودم، اوج گرفتم و رفتم میان آسمان.

ـ « عجب آدم‌ها کوچک می‌نمایند از این بالا.»

مدتی در آسمان سرگردان بودم. از بامی به شاخه‌یی و از شاخه‌یی بر سر دیواری می‌پریدم و هی بال می‌زدم تا رسیدم به جایی که در زیر پام برکه‌یی بود با چند درخت سپیدار و چنار در حاشیه‌اش. پایین‌ترک آمدم، در گوشه‌یی، نزدیک به برکه نیمکتی بود. روی نیم‌کت مردی نشسته بود با صورتی که پشت عینک سیاهی پنهان کرده بود. سگی در کنارش لمیده بود. چیزی مرا کشید به جانب‌اش. سگ واق واق کنان از جا پرید. در نزدیکی‌ی نیم‌کت بر شاخه‌یی نشستم و دور و برم را نگاه کردم. از گوشه‌ی آسمان که پیدا بود لاشخوری را دیدم که آن بالا چرخ می‌زد. سگ دور خود می‌چرخید

و واق واق می‌کرد و پیرمرد که از حرکات‌اش معلوم بود نابیناست تلاش می‌کرد تا سگ را آرام کند. بادی ملایم، بر چهره‌ی برکه چروک می انداخت و درخت‌ها آرام تکان می خوردند. سگ آرام شد و دوباره لمید.

لاشخور چندی در آسمان گشت و گشت، گویا از یافتن شکار نومید شد و رفت. شاید هم در جایی دیگر پرنده‌یی دیگر دیده بود و رفته بود به سوی‌اش.

از دودکش خانه‌یی در آن سوی برکه دود برمی خاست و راه می‌کشید تا آسمان و در لکه‌های ابری که چسبیده بودند به سقف آسمان گم می‌شد. راه درازی آمده بودم و خسته بودم. سر بر زیر بال کردم تا دمی بیاسایم. خواب‌ام برد. در خواب، پرنده نبودم. هوا تاریک بود و من از کوچه‌یی می‌گذشتم. غیر از من در کوچه ره‌گذری نبود. از خم کوچه که گذشتم دیدم کبوتری بر زمین افتاده با بال بال زدن تلاش می‌کند پرواز کند اما نمی‌تواند. نزدیک‌تر رفتم و خم شدم و

برداشتم‌اش از زمین. مقاومتی نکرد. از زیر بال‌اش خون می‌آمد. با خود بردم‌اش به خانه. اندکی برای بهبودش تلاش کردم. امّا نه. . . نه، این پرنده دیگر پرنده نخواهد شد. چاقوی تیزی پیدا کردم، سرش را بریدم. یادم نیست آب دادم‌اش یا نه. . . کشتن‌اش را امّا خوب به یاد دارم. و به یاد دارم که کباب کبوتر، آن‌قدرها هم دل‌چسب نبود.

با سیری‌ی تهوع‌آوری از خواب پریدم. شب شده بود راه خانه را گم کرده بودم. مطمئن نبودم که لاشخورها در شب پرواز می‌کنند یا نه؟

۲۰۰۶

سه

در بزرگ‌راه دان ولی، در تورنتو، می‌راندم. شتاب داشتم که خود را به مرکز شهر برسانم. راه بسته شده بود. گویا تصادفی.

دوباره پرنده شدم و بی‌اختیار از پشت فرمان پرکشیدم به آسمان.

بی‌خیالِ ماشین‌ام که داشت برای خودش می‌رفت.

جلوترک، ماشینی را دیدم که در برخورد به دیواره‌ی جاده له و لورده شده بود و ماموران پلیس و آتش‌نشانی در حال بیرون کشیدن پیکر تنها سرنشین آن بودند.

ـ «پس راه بندان به این خاطر بوده است!»

چشم‌ام افتاد به مرغی که اندکی دورتر از ماشینِ له شده با هراس به صحنه‌ی حادثه می‌نگریست. به او نزدیک شدم و پرسیدم:

ـ «چه شده؟»

مرغ، براندازکنان به من نگاهی کرد و گفت:

ـ « چیزی نیست، دارم خواب می‌بینم.»

آن‌گاه تاملی کرد و ادامه داد:

ـ « امّا خودمانیم، خوب است که در بیداری آدمی شاهد بیرون آوردن جسد له و لورده‌ی خودش از ماشینِ تصادف کرده‌اش نیست!»

سپس بی خداحافظی پر کشید و رفت و من دیگر ندیدم‌اش.

۲۰۰۶

چهـار

براى برادر وارسته‌ام حسن

همه‌شان نشسته‌اند توى تنبى. هر یازده نفرشان. جاى سه تن دیگر
ـ مانند همیشه ـ خالى‌ست.

یکى شان دارد چاى مى‌دهد. یکى در حالى که چهار زانو نشسته و
با ریش تُنُک‌اش ور مى‌رود، انگار چیزى گفته است که همه‌گى
را خندانده، سه‌تاشان از خنده ریسه رفته‌اند؛ از گفته‌هاى آن یکى
شاید. این سه تن هیچ گاه نیازى به بهانه براى خندیدن نداشته اند.
یکى‌شان همین طور که دارد مى‌خندد، با نفس مِه مى‌نشاند بر
شیشه‌ى عینک‌اش و با گوشه‌ى پیراهن‌اش آن را پاک مى‌کند. یکى،
در خودش فرو رفته است. دیگرى، شاداب اما سنگین و رنگین
نشسته است. دیگران با او گرم نیستند انگار. اما نشسته اند گرد یک
دیگر.

من دیرتر رسیده ام و نشسته ام بر لبه ى دَرَکِ تنبى و از پشت شیشه
مى‌بینم‌شان. همه را مى بینم، حتا دیگرانى را هم که آن نشسته‌گان
نمى‌بینند، مى بینم. "عظیم" نیز آن سو تر نشسته است. نمى دانم

او مرا می‌بیند یا نه، من اما او را می بینم. در یک آن به سرم می‌زند که پر بکشم و بروم کنارش بنشینم، می‌بینم امّا که کنار او جا نیست. تازه شیشه‌یی که او از پشت آن مجلسِ درون تنبی را می‌بیند کبودتر است از شیشه‌یی که من از ورای آن جمع را می بینم. از همین رو پشیمان می‌شوم و از جایی گه نشسته‌ام تکان نمی‌خورم.

درست همین دم، عمر خیام با بقچه‌ی بزرگی زیر بغل از در به درون می آید. دستاری و عبایی و یقه چاک. همه‌ی نگاه‌ها بر می‌گردد به سوی او. همه انگار چشم به راه او بوده‌اند تا بر رونق مجلس‌شان بیافزاید. بقچه‌اش را به کناری می‌گذارد و پس از چاق سلامتی با نشسته‌گان، در حالی که دست در جیب بغل به دنبال چیزی می‌گردد می رود به طرف برادر بزرگ تر و از او می پرسد:

ـ « آقا شما که عطر شناس‌اید بفرمایید که این عطر خوب است یا نه؟»

دست از جیب بیرون می آورد و سرِ شیشه‌ی کوچکی را باز می کند و می گیرد زیر بینی‌ی او.

برادر بزرگ‌تر، انگار کسی که نخستین بار است که با «از در درآمده» برخورد می‌کند، خندان، اما با اطمینان و با خلوص، نفس عمیقی می‌کشد و در همین حال فریادش بلند می‌شود:

ـ « خدا لعنتات بکند این چه بود؟!»

گویا پیش از این، همین بلا را بر سر برخی‌شان آورده. از حرف یکی‌شان درمی‌یابم که در شیشه اسید سولفوریک بوده؛ باید این همانی بوده باشد که پیش از این، ندانسته، به خیال عطر، اسید بو کرده است.

آن که در هیأت خیام از در به اندرون آمده، رندانه می رود به سراغ بقچه‌اش و آن را می‌گشاید. در میان بقچه چیزی نیست جز چندین کلاه . . . و هریک به فرمی. با کلاه‌های‌اش تیپ آدم‌های مختلف را به خود می‌گیرد و می شود مثل خودشان.

با کلاهِ بره حامد کرزایی[1] می‌شود، با کلاه نظامی می‌شود پرویز مشرف[2] و گاهی ادای زلمای خلیل زاد[3] را، بی کلاه، در می‌آورد و

گاهی هم با ریش و دستارش می‌شود اسامه بن لادن. چیزی نمی‌گذرد که با کلاه مصری و عبای یمنی هیأت شیخِ الازهر به خود می‌گیرد. هی نقش است که با کمک کلاه و ردایی که از لای بقچه بیرون می‌آید جان می گیرد و بیننده‌گان را می خنداند و دوباره بر می‌گردد سرجای اول‌اش.

سینی‌ی چای به آخر رسیده است. باران می آید و من با این که سر پناه دارم و از باران در امان‌ام، دارد سردم می‌شود. پر می‌کشم و با تکان بال از نشسته گان خداحافظی می کنم. نمی‌دانم کسی مرا می بیند یا نه. من اما می بینم شان. همه شان را

۱۳ جون ۲۰۰۶

---

۱. رییس‌جمهور وقت افغانستان

۲. رییس جمهور نظامی‌ی وقت پاکستان

۳. نماینده‌ی وقت سازمان ملل در امورافغانستان و خاور میانه

پنـــج

دارم با همکارم حرف می زنم که حس می‌کنم کتف‌هام می‌خارند. چیزی نمی‌گذرد که خود را در آسمان پرباد و سرد زمستانی می‌یابم. آفتابی‌ست اما گرم نیست.

از این بالا می‌بینم که مردی بر روی نیمکتی در پارکی، کنار دریاچه‌یی نشسته است. پاکتی در دست دارد، هی دست درون پاکت می‌کند و چیزی، دانه‌یی شاید، از آن بیرون می‌آورد و می‌پاشد بر روی زمین برای پرنده‌هایی که هر دم زیادتر می‌شوند در دور و برش. جمع پرنده‌گان است و بیش‌ترشان مرغان دریایی. سی‌گال‌ها. من آخرش ترجمه‌ی درست و حسابی برای واژه‌ی انگلیسی‌ی "سی‌گال" (seagal) پیدا نکردم. چه می‌نویسم؛ پرنده که نگران زبان آدمیان نباید باشد. زبان پرنده‌ها آیا یکی است؟ آیا کلاغ زبان قناری را می‌فهمد؟ بار دیگر که پرنده شدم باید بیش‌تر دقت کنم.

پایین می‌روم. روی شاخه‌ی درختی در نزدیکی‌ی نیمکتی که مرد برآن نشسته می‌نشینم. این پایین به سردی‌ی آن بالا نیست. سرم

را پناه گرفته‌ام که کسی نبیندم و بتوانم پرنده‌ها و پیرمرد را تماشا

کنم. در این دم سی‌گالی از جمع دانه برچینان جدا می‌شود و می‌آید

زیر درختی که من روی آن نشسته‌ام. سر بالا می‌گیرد و به بانگ و

زبانی که تنها من می‌شنوم و می‌فهمم می‌گوید:

ـ «بیا پایین. چرا تنها آن بالا نشسته‌ای؟»

ـ « تو . . .؟ از کجا من را شناختی؟»

ـ «من‌هم از جنس توام.»

ـ « از جنس من؟ »

و نمی‌دانم که می‌خواهد بگوید که او هم آدم است و چون من در

لاک پرنده‌گان رفته یا مرا که در آن دم پرنده شده‌ام چون یک

همیشه پرنده پذیرفته است؛ از همین رو می‌پرسم:

ـ «منظورت چیه که تو هم از جنس منی؟»

ـ «خودتو به اون راه نزن. من هم هر وقته دلم بخواد پرنده می‌شم

و می‌آم سر به سر اینا می‌ذارم. کلی حال می‌کنم. خب تو هم

همین‌جوری مگه نه؟»

ـ «من دست خودم نیست. دارم راه می‌رم یه‌هو می‌شم پرنده. دارم می‌رم بخوابم، یه‌هو دیدی بال در آوردم و رفتم نشستم لب پنجره. دارم کار می‌کنم، یه‌هو دیدی ولش کردم و از دریچه زدم بیرون. دارم راننده‌گی می‌کنم، ماشین رو می‌زنم کنار، یا حتا، نه، یک‌بارم ماشین رو همین‌جوری وِلش کردم و از پنجره‌ی باز ماشین زدم بیرون. نمی‌دونم دس خودم نیس. همین امروز داشتم با همکارم حرف می‌زدم که سر از این‌جا درآوردم.»

ـ «دست خودم نیس چیه، من هم از این اداها در می‌آوردم اما دیگه اون‌قد ورزیده شدم که می‌تونم هر وقت دلم خاس بپرم.»

ـ «مگه میشه؟ خوش‌به حال‌ات.»

ـ «حالا بیا پایین، بشو سی‌گال و بیا پایین. سر فرصت یادت می‌دم که چه جوری، هر وقت اراده کنی بال در بیاری!»

ـ « نوع پرنده شدن‌ام هم دست خودم نیست. یعنی من روش کنترل ندارم. وقتی پرنده می‌شم، یه چیری می‌شم دیگه. یه وقت دیدی شدم طوطی. یه وقت می‌شم باز. یه وقت می‌شم کبک و ولو می‌شم تو انگورسونا. یکی دوبارَم هوبره شدم.»

ـ « نه بابا، تو کارت خرابه. یه چیزی‌ت می‌شه. باید . . . . »

حرف‌اش را هنوز تمام نکرده بود که صدای جیغ یکی از سی‌گال‌ها

بلند شد و او با عجله به من گفت:

ـ « بعد می‌بینم‌ات . . .»

و به حالتی که نیمی‌ش پریدن بود و نیمی‌ش دویدن از من دور شد

.

۲۴ ژانویه ۲۰۰۷

شـش

به یاد برادر زنده یادم مهدی

نشسته‌ام بر سرشاخه‌ی ناربُنی که با هر وزش نسیمی خط می‌کشد

بر پنجره‌ی اتاقی که لمیده در گوشه‌ی حیاطی و خط خطی می

کند آسمان را و خط می دهد به آفتاب.

آن سوی پنجره، درون اتاق، جمعی نشسته اند و یکی هم خفته .

ـ خفته؟

ـ خوابیده است؛ خفته گی‌اش را یقین ندارم.

جمع نشسته: یک، دو، سه، چهار، پنج . . . نُه نفراند.

هربار که شاخه یی که بر آن نشسته‌ام، به پنجره ، نزدیک می‌شود

تلاش می‌کنم با نوک زدنی ، حواس جمع را جمع خود کنم. جمع

اما سرگرم کار خویش است و من ، تنها ، بر سر شاخ ناربُنی.

همی خط است که کشیده می‌شود از نگاهِ من تا پلک‌های منتظر.

خط می‌خورد «نون» نخواستن؛ خط خطی می‌شود فاصله.

دریغ که نور اندک است و فاصله را مه‌دودِ مرگ تاریک کرده است.

تاریک. . . .!

مرگ بر هر چشمی که هست سُرمه می‌کشد

و

ناگاه

همهمه . . .!.!

شیون . . . .!

غریو . . .!.

غریو . . .! غریو . . .! غریو . . .!

شیون . . .!. شیون . . .! شیون . .!.

همهمه .!. .! همهمه . . .! همهمه . . .!.

وقتی پرنده می‌شوم

غریوِ زاری،

گره می‌زند جمع را به سایه‌ی بال‌های مرگ

همه‌ی فاصله‌ها می‌شوند فراموشم

سایه‌ی مرگ را خط خطی می‌کنم و می‌خوانم:

ــ مرگ ، خطی شد میان من و تو

هرچند

کجای من و کجای تو

در دو سوی هیچ خطی جا نمی شدند

و حالا

مرگ آمده است و نشسته کنار نقطه‌ی تو

و می‌خواند مرا به سوی تو از نقطه‌ی خودم

و چنان مهربانانه اصرار می‌کند که

فاصله‌ی بین دو کجا می شود کوتاه تر !

کوتاه . . . آه . . . . آه تر !

همیشه و همه‌جا

فاصله‌ی میان دو نقطه را

پُر می‌کند خطی

به سان زنده‌گی

که حد فاصل دو نیستی است !

وقتی پرنده می‌شوم

نفس تنگ می شود و نیستی‌ی من از تنگنای میانِ سرشاخه‌ی ناربن

و بستر خفته پر می‌کشد به سوی تنهایی‌ی دوباره‌ی خودم.

۱۰ دسامبر ۲۰۱۳

❖ از صمصام کشفی ، تا کنون، منتشر شده است:

- ✓ ***زیرستاره‌ی صبح***، شعـر، نشر افرا و کتاب پگاه ، تورنتو ۱۹۹۸ (گزیده‌ی شعرهای سال های ۱۳۷۳ تا آغاز۱۳۷۷ خورشیدی)
- ✓ ***از سرِ دیوار***، شعـر، نشر افرا، تورنتو ۲۰۰۰ (گزیده شعرهای سال های ۱۳۷۷ و ۱۳۷۸ خورشیدی)
- ✓ ***حالا دوباره صدا*** ، شعـر، نشر افرا و کتاب پگاه ، تورنتو ۲۰۰۲ (گزیده شعرهای سال‌های ۱۳۷۹ و ۱۳۸۰ خورشیدی)
- ✓ ***جانِ دلِ شعر***، نگاهی چند به شعر اسماعیل خویی، (گـزینه و ویراسته)، بنیاد خویی ، آتلانتا ۲۰۰۲
- ✓ ***Sigh at 5***، گزینه‌ی شعر به انگلیسی، کتاب پرسا، واشینگتن دی‌سی، ۲۰۰۴
- ✓ ***و من که این سوی گُسل‌ام***، شعر، کتاب پرسا، واشینگتن دی.سی، ۲۰۰۷ (گزینه‌ی شعرهای سال‌های ۲۰۰۲ و ۲۰۰۳) نشر اینترنتی
- ✓ ***زنی که توای***، شعر، کتاب پرسا، واشینگتن دی.سی. ۲۰۰۷ (گزینه‌ی عاشقانه‌های سال‌های ۲۰۰۲ و ۲۰۰۳) نشر اینترنتی
- ✓ ***رقصی چنین***، شعر، کتاب پرسا، واشینگتن دی.سی. ۲۰۰۷ (گزینه‌ی شعرهای سال‌های ۲۰۰۴) نشر اینترنتی
- ✓ ***به قافیه‌ی آبی***، شعر، کتاب پرسا، واشینگتن دی.سی. ۲۰۰۹ (گزینه‌ی شعرهای سال‌های ۲۰۰۵ تا ۲۰۰۸) نشر اینترنتی
- ✓ ***سنبله در خرمن ماه***، شعر، (گردآمده‌ی چهار دفتر: "*و من که این سوی گسل‌ام*"، "*زنی که توای*"، "*رقصی چنین*"، "*به قافیه‌ی آبی*")، کتاب پرسا، واشینگتن‌دی.سی. ۲۰۱۰ (گزینه‌ی شعرهای سال‌های ۲۰۰۲ تا ۲۰۰۸)
- ✓ ***تابلوهای صمصام کشفی***، شعر، کتاب پرسا، واشینگتن دی سی، ۲۰۱۵
- ✓ ***رویای رویا***، گزیده‌ی داستان‌سرودها ، کتاب پرسا، واشینگتن دی‌سی، ۲۰۱۵